BEI GRIN MACHT SICH IHR
WISSEN BEZAHLT

- Wir veröffentlichen Ihre Hausarbeit,
  Bachelor- und Masterarbeit

- Ihr eigenes eBook und Buch -
  weltweit in allen wichtigen Shops

- Verdienen Sie an jedem Verkauf

Jetzt bei www.GRIN.com hochladen
und kostenlos publizieren

Bibliografische Information der Deutschen Nationalbibliothek:

Die Deutsche Bibliothek verzeichnet diese Publikation in der Deutschen National-
bibliografie; detaillierte bibliografische Daten sind im Internet über http://dnb.d-
nb.de/ abrufbar.

Dieses Werk sowie alle darin enthaltenen einzelnen Beiträge und Abbildungen
sind urheberrechtlich geschützt. Jede Verwertung, die nicht ausdrücklich vom
Urheberrechtsschutz zugelassen ist, bedarf der vorherigen Zustimmung des Verla-
ges. Das gilt insbesondere für Vervielfältigungen, Bearbeitungen, Übersetzungen,
Mikroverfilmungen, Auswertungen durch Datenbanken und für die Einspeicherung
und Verarbeitung in elektronische Systeme. Alle Rechte, auch die des auszugsweisen
Nachdrucks, der fotomechanischen Wiedergabe (einschließlich Mikrokopie) sowie
der Auswertung durch Datenbanken oder ähnliche Einrichtungen, vorbehalten.

Impressum:

Copyright © 2014 GRIN Verlag
Druck und Bindung: Books on Demand GmbH, Norderstedt Germany
ISBN: 9783668680043

Dieses Buch bei GRIN:

https://www.grin.com/document/418950

Irene von Lehn

Aktivitätsplanung innerhalb des Projektes "Gesundes Leben" in einem Wohnheim für körperbehinderte Kinder und Jugendliche

GRIN Verlag

GRIN - Your knowledge has value

Der GRIN Verlag publiziert seit 1998 wissenschaftliche Arbeiten von Studenten, Hochschullehrern und anderen Akademikern als eBook und gedrucktes Buch. Die Verlagswebsite www.grin.com ist die ideale Plattform zur Veröffentlichung von Hausarbeiten, Abschlussarbeiten, wissenschaftlichen Aufsätzen, Dissertationen und Fachbüchern.

Besuchen Sie uns im Internet:

http://www.grin.com/

http://www.facebook.com/grincom

http://www.twitter.com/grin_com

AKTIVITÄTSPLANUNG

innerhalb des Projektes:

„Gesundes Leben"

zum Thema:

„Selbstgemachte Pizza"

am:04.06.2014

in der Zeit von 16:00 bis 17:00

Irene Zuckov (von Lehn), Klasse E-13

Wohnheim für körperbehinderte Kinder und Jugendliche

Inhaltsverzeichnis

1 Darstellung der Einrichtung

Das Wohnheim für körperbehinderte Kinder und Jugendliche befindet sich am Rande der XY und hat eine bevorzugte Lage. Das ausgedehnte Waldgebiet, in dem viele XY und Gäste Ruhe und Erholung, Natur und sportlichen Ausgleich suchen, beginnt hinter dem Zaun des Gebäudes. Der Waldspielplatz ist in der Nähe vom Wohnheim. Es sind nur wenige hundert Meter bis zu einem Wildgehege. Alle kulturellen und vielfältigen Angebote der Stadt XY sind vom Haus gut zu erreichen. Dafür können die öffentlichen Verkehrsmittel genutzt werden(vgl. Konzeption der Einrichtung, 2013).

Die Förderschule für körperbehinderte Kinder befindet sich gleich in der Nachbarschaft. Viele Kinder aus dem Wohnheim besuchen die Schule. Dort steht auch eine Beratungsstelle für die Körperbehinderten zur Verfügung. Das Außengelände ist so gestaltet, dass die Anlagen für die Bedürfnisse, Wünsche und Ideen von Kindern und Jugendlichen, auch mit den Rollstühlen viel Raum bieten. In dem Schulhof befinden sich barrierefreie Spielplatz, Ballspielplatz und ein Bolzplatz zum Austoben. Der Spielplatz des Kinderheimes wurde 2010 aufwendig saniert und den Bedürfnissen der derzeitigen Bewohner angepasst. Im Sommer 2013 wurde ein Kletterberg erbaut. Zurzeit geht es darum, dass ein Blumenbeet mit Beteiligung der Kinder und Jugendlichen im Garten gestaltet wird. 2012 wurde die Inneneinrichtung komplett erneuert. Seitdem verfügen die Kinder und Jugendlichen über bessere Möglichkeiten, ihre Bedürfnisse nach Rückzug, Spiel, Bildung, Bewegung, Nutzung von Medien, Teilhabe an der Gemeinschaft zu erfüllen. Vier kleine Wohngruppen fördern die familiäre Atmosphäre. Die Wohngruppen verfügen über gemütliche Gemeinschaftsräume mit integrierten Küchen. Es werden hier Einzel- und Doppelzimmer angeboten. Je zwei Kinder nutzen ein behindertengerechtes Bad mit Waschbecken, WC und Dusche. Es gibt ein modernes Pflegebad in jeder Etage. Ein Snoezelraum mit Wasserbett, Musikanlage und Lichteffekten ist bei den Kindern sehr beliebt. Das Haus verfügt über einen Hobbyraum und einen großen Raum für Geburtstage und kulturelle Veranstaltungen. In jeder Etage gibt es eine großzügige Sonnenterrasse (vgl. Konzeption der Einrichtung, 2013).

Im Wohnheim können 35 Bewohner vom Kleinkind bis zum Ende des Schulbesuches aufgenommen werden, wenn mehrere schwere Behinderungen in Kombination auftreten; wobei herausforderndes Verhalten, Übergriffe auf andere Bewohner, Selbstaggression oder Weglauftendenzen im Vordergrund stehen, welche das Kindeswohl in der Herkunftsfamilie gefährden (bei Gewalt, Vernachlässigung, Überforderung) (vgl. Konzeption der Einrichtung).

Je nach Bedarf werden Kinder und Jugendliche an 250 Tagen/ Jahr oder 365 Tagen/ Jahr(intern oder extern) betreut. Es gibt unterschiedliche Betreuungsformen mit vier Zielgruppen:

- Gruppe für schwerst-mehrfach behinderte Kinder und Jugendliche (Kinder und Jugendliche mit schwerstmehrfacher Behinderung, die aufgrund der schweren Beeinträchtigung, besonders intensiver Pflege bedürfen)

- Intensiv - begleitete Sozialtrainingsgruppe Jugendhilfegruppe (Kinder und Jugendliche mit einem Bedarf an Hilfen zur Erziehung nach SGB 8 und einer Körperbehinderung bzw. Mehrfachbehinderung). Der Bedarf an Plätzen für Kinder und Jugendlichen mit Behinderung und einem Bedarf an Hilfen zur Erziehung steigt. Seit 2013 leben 7 Kinder in der Einrichtung, die zu dieser Zielgruppe gehören. Für diese Kinder liegen Ausnahmegenehmigungen des Landesjugendamtes vor.

- Jugendwohngruppe (Kinder und Jugendliche im schulpflichtigen Alter und mit vorrangig körperlicher Behinderung, welche über ein ausreichendes Entwicklungspotential verfügen um Alltagskompetenzen zu erlernen)

- Gruppe für körper- und mehrfach behinderte Kinder mit interner und externer Tagesstruktur (überwiegend jüngere Kinder mit mehrfacher Behinderung) (vgl. Konzeption der Einrichtung, 2013) (vgl. Konzeption der Einrichtung, 2013).

Im Wohnheim arbeiten 26 Fachkräfte und Helfer/innen. Es gibt drei Schichten(Früh-, Spät- und Nachtschicht) und verschiedene Dienste. Die Praktikanten und ehrenamtliche Mitarbeiter/ Mitarbeiterinnen im freiwilligen sozialen Jahr oder im Bundesfreiwilligendienst unterstützen das professionelle Team.

Die Erzieher haben die Aufgabe, emotionale, physische und kognitive Aspekte, wie auch soziale Beziehungen und Konzeptentwicklung zu reflektieren und berücksichtigen. Die pädagogische Arbeit sollte sich auf der Entwicklung der Kinder orientieren. Um die Kinder beim Lernen zu unterstützen, sollten die Erzieher sich auf alters- und behinderungsgemäße Angebote orientieren.

Die Qualifikationen als Heilerziehungspfleger/in, Kranken- und Gesundheitspfleger/in, Erzieher/in mit der heilpädagogischen Zusatzqualifikation und Ergotherapeut/in werden durch regelmäßige Weiterbildungen, z.B. Umgang mit Aggression und Gewalt, Gebärdensprache, Hilfeplanung und Dokumentation ergänzt. Zur individuellen Betreuung und Behandlung kommen Therapeuten ins Haus(Physiotherapeuten und Ergotherapeuten, Logopäden, Musik- und Kunsttherapeuten) (vgl. Konzeption der Einrichtung, 2013). Die Praxisanleiterin hat die Weiterbildung zur Heimleitung absolviert und nach Bedarf kann die Leiterin des Wohnheimes vertreten.

2 Beschreibung der Zielgruppe/ der aktuellen Gruppenzusammensetzung

Die Gruppe, in der ich mein drittes Blockpraktikum absolviere, besteht aus 10 körper- und geistig behinderten Jugendlichen mit Verhaltensstörungen, die im Alter von 13 bis 20 Jahren sind und verschiedene Krankheitsbilder und Lebensgeschichten haben. Die beiden Mädchen, die einen Raum teilen sind 16 Jahre alt. Nach der Aufnahme eines Mädchens ins Wohnheim im Februar 2014 sind sie gute Freundinnen geworden und haben gemeinsames Interesse für das Kochen und Backen. Ein Mädchen besucht die Schule für geistig behinderte Kinder und Jugendliche und wird im Wohnheim 365 Tage/Jahr betreut. Sie hat eine geistige Behinderung, Hyperaktivität und Weglauftendenz. Das andere Mädchen arbeitet in einer Werkstatt, hat die Intelligenzminderung, körperliche Behinderung und Verhaltensstörung und wird im Wohnheim 365 Tage/Jahr betreut. Noch ein Mädchen, das 13 Jahre alt ist und eine geistige Behinderung und Epilepsie hat, wird 250 Tage/Jahr im Wohnheim betreut. Obwohl dieses Mädchen eine körperliche Beschränkung hat, bastelt und malt sie gern. Zwei Jungen, die 14 und 16 Jahre alt sind, haben große Begeisterung für Natur und Gartenarbeit. Ein Junge hat eine niedrige Intelligenz, kombinierter Hörverlust, Entwicklungs- und Verhaltensstörung und besucht eine Schule für gehörlose Kinder und Jugendliche. Er wird im Wohnheim 365 Tage/Jahr betreut. Der andere Junge hat Epilepsie, geistige Behinderung und Verhaltensstörung. Er besucht die Schule für geistig behinderte Kinder und Jugendliche und hat 250-Tage/Jahr Betreuung im Wohnheim. Der 16-jährige Junge, der sich für Computer und Technik interessiert, hat Asperger- Syndrom, Anpassungsstörung mit längerer depressiver Reaktion und Asthma und hat 250-Tage/Jahr Betreuung. Er kann gefährliche Situationen nicht einschätzen, braucht Hilfe bei allen alltäglichen Verrichtungen und Impulse zum Durchführen der Basisversorgung. Der Junge besucht die Schule für körperbehinderte Kinder und Jugendliche. Ein Junge, der 15 Jahre alt ist, interessiert sich für klassische Musik und hört gern Oper. Er hat hyperkinetische Störung des Sozialverhaltens, nicht organische Enuresis und kombinierte umschriebene Entwicklungsstörungen und hat 250-Tage/Jahr Betreuung im Wohnheim. Der Junge besucht auch die Schule für körperbehinderte Kinder und Jugendliche. Der 17-jährige Jugendliche, der Corviden-Syndrom und Intelligenzminderung mit Verhaltensstörung hat, hat 365-Tage/Jahr Betreuung und besucht die Schule für geistig behinderte Kinder und Jugendliche. Er trifft sich mit Jugendlichen im Jugendtreff „Intervall", wo sie zusammen Zeit verbringen und verschiedene Angebote nach ihren Interessen durchführen. Er zeigt ein großes Interesse für Tiere und möchte gern ein Kaninchen haben. Der Jugendliche, der eine geistige Behinderung, Impulskontrollstörung und unklassifizierte Epilepsie hat, ist 20 Jahre alt und arbeitet in einer Werkstatt. Später möchte er eigene Wohnung haben und spart dafür sein Geld. Dienstags und freitags von 15:00-16:00 Uhr besucht die Gruppe der 16-jährige Jugendliche, der Rollstuhlfahrer ist und eine Epilepsie hat. Der Junge ist kontakt- und kommunikationsfreudig und verreist gern. Er besucht die Schule für körperbehinderte Kinder und Jugendliche und wird in der Form der Verhinderungspflege im Wohnheim betreut.

Obwohl alle Jugendlichen unterschiedliche Interessen, Diagnosen, Fähigkeiten und Fertigkeiten haben, kochen und backen sie gern zusammen. Donnerstags findet immer der Kochtag in der Gruppe statt. Die Kinder können unkomplizierte Gerichte mit der Hilfe der Erzieher kochen und backen. Auch haben die Jugendlichen einen großen Spaß an Brettspielen.

Sehr oft entstehen Konflikte unter Jugendlichen und zwischen Betreuer und Jugendlichen. Die Atmosphäre innerhalb der Gruppe ist oft angespannt, was durch die vielfältigen Krankheitsbilder verursacht ist. Nicht jedes Gruppenmitglied ist in der Lage, sein Verhalten zu steuern und unter Kontrolle zu halten. Die Jugendlichen sollen die Fähigkeit besitzen, mit anderen umgehen und Konflikte verbal lösen zu können. Mit der Unterstützung von Betreuern entwickeln die Jugendlichen die Konfliktlösungsfähigkeit, Empathie und Wertschätzung gegenüber anderen Personen. Eine Schlichtung durch den Betreuer ist in solchen Situationen notwendig.

3 Darstellung der Entwicklung eines ausgewählten Kindes/ Jugendlichen

In diesem Teil meiner Arbeit möchte ich die Entwicklung vom 15-jährigen Jungen beschreiben. Der C. hat eine Mittelgradige Intelligenzminderung mit deutlichen Verhaltensauffälligkeiten; generalisierte, idiopathische Epilepsie; essentiellen Tremor. Der Jugendliche ist geistig behindert und wird 250 Tage/Jahr in der Einrichtung betreut.

Emotionale Entwicklung:

Der C. kann sich und seine Emotionen schlecht kontrollieren und wird verbal aggressiv gegenüber anderen, wenn er frustriert ist oder sich ungerecht behandelt fühlt. Sehr oft hat er das Gefühl der Benachteiligung. In solchen Situationen scheren Wunschdenken und Realität oft auseinander. Außerdem zeigt der Jugendliche Weglauftendenzen. Er weiß, dass ihm bei Erregungszuständen Distanz von der Gruppe hilft. Der Junge soll den Umgang mit Misserfolg und Kritik erlernen und Frustrationstoleranz entwickeln.

Soziale Entwicklung:

Der C. ist ein freundlicher Junge und ist bei den Kindern und Jugendlichen anerkannt. Er gliedert sich ein und pflegt seine Freundschaften. C. ist hilfsbereit und hält zu seinen Gruppenmitgliedern, aber bei Auseinandersetzungen lässt er sich nur schlecht wieder beruhigen. Er nimmt Kontakt zu Betreuern auf und kann seine Wünsche und Bedürfnisse äußern. C. verbringt jedes zweites Wochenende in der Familie und während der Woche nimmt er Kontakt zu seiner Familie durch Telefonate auf.

Kognitive Entwicklung:

C. kann ihm bekannte Aufgaben selbständig bearbeiten. Er kann die Buchstaben erkennen und lesen, Buchstaben nachschreiben und seinen Namen schreiben. C. kann bis 20 addieren und subtraktieren, merkt sich einfache Aufgabenformulierungen. Er kann einfache Arbeitsvorgaben selbständig bearbeiten, aber neue Situationen bereiten ihm starke Schwierigkeiten. C. hat teilweise verwaschene Sprache sowie unstrukturierte Satzformulierungen.

Motorische Entwicklung:

C. treibt gerne Sport und möchte ein Fitnessstudio besuchen. Es geht jetzt darum, um die geeignete Stelle für ihn zu finden. Bei dem Jungen sollte die Feinmotorik gefördert werden. Seine Handkoordination ist eingeschränkt aufgrund eines Tremors.

4. Sachanalyse

4.1 Erläuterung der Thematik

Kochen und Essen sind für Jugendliche im Wohnheim sehr wichtige Bereiche und haben verschiedene pädagogische Aspekte. Förderung der Selbständigkeit, des sozialen Verhaltens und der alterspraktischen Fertigkeiten der Jugendlichen ist für den Erzieher ein zentrales Ziel. Die Betreuer unterstützen die Jugendlichen aus Wohngruppe beim Kochen und Backen. Das Thema hat einen sozialen Aspekt. Kochen ist eine Gruppenaktivität, in der Kommunikation und Zusammenarbeit geübt werden können. Die Jugendlichen kochen auch für andere Bewohner des Wohnheimes, bei denen sie Anerkennung bekommen, dadurch steigert sich ihr Selbstwertgefühl und die Selbstwirksamkeit der Jugendlichen. Das Zusammenessen ist ein sehr wichtiger Teil des Miteinanderlebens der Jugendlichen. Am Tisch erleben sie die Gemeinschaft mit den anderen. In der Tischsituation erzählen die Jugendlichen einander vom Tag und führen persönliche Gespräche. Dabei müssen auch viele Regeln gelernt und beachtet werden. Diese Aspekte zeigen, dass das Kochen und Essen nicht nur der Ernährung dient, sondern mit grundlegenden Erfahrungen des Menschseins zusammenhängt. Außerdem bereitet das Kochen sehr viel Freude und gerade beim Kochen wird die Hilfsbereitschaft von den Jugendlichen gezeigt. So bedarf es zum einen sehr viel Aufmerksamkeit und Konzentration und zum anderen sehr viel Geduld. Beim Kochen wird auch die Feinmotorik gefördert.

4.2 Einordnung in die konzeptionellen Vorhaben der Einrichtung

„Das Ziel der Leitung und des Teams ist es, Kinder und Jugendliche mit Behinderungen durch individuelle Unterstützungsangebote ein Höchstmaß an Selbstständigkeit zu bieten und sie in ihrer Entwicklung entsprechend ihrer eigenen Zukunftsplanung zu unterstützen" (Konzeption der Einrichtung, 2013).

Die Erzieher des Wohnheimes bieten den Jugendlichen eine altersentsprechende Bildung und Erziehung. Sie begleiten und unterstützen Kinder dabei. Dazu gehören solche Inhalte wie Erlernen und Übernahme lebenspraktischer Tätigkeiten(z. B Einkaufen, Zubereiten von Mahlzeiten, Wäschepflege); Entwicklung einer eigenen Tagesstruktur und Umsetzung von Interessen(z. B. Freizeitaktivitäten); Förderung der Fähigkeit zum selbständigen Nutzen öffentlicher Verkehrsmittel und Kommunikationsmedien; Erwerben von Kompetenzen im Umgang mit Ämtern und Behörden; Training sozialer Kompetenzen und Übernahme der Verantwortung für andere im Haus; Unterstützung beim Durchführen von Praktika und intensive Begleitung des Übergangs in eine niedrigschwellige Wohnform(vgl. Konzeption der Einrichtung, 2013).

Die pädagogische Arbeit orientiert sich nach Erstellung von individuellen Hilfeplänen für Kinder und Jugendliche. Bei diesem Prozess, der eine partnerschaftliche Zusammenarbeit aller Beteiligten voraussetzt, werden Kinder und Jugendliche entsprechend ihrer Behinderung auch an der Hilfeplanung beteiligt. Wohlbefinden ist der Leitbegriff der somatischen Bildung des sächsischen Bildungsplanes und eine wichtige Voraussetzung für die Bildung und das Lernen. Zu dem Bereich der Gesundheit gehören solche Inhalte wie Aktivierung und Unterstützung körperlicher, psychischer und sozialer Gesundheitsressourcen. Das heißt die persönliche Hygiene, gesunde Ernährung, Entwicklung der Sprache und sozialen Verhaltens. Die gesunde Ernährung ist ein großes Ziel der Einrichtung und wird von Erziehern unterstützt und gefördert.

4.3 Subjektive Sachanalyse

Vor der Planung der Aktivität habe ich ein Gespräch mit der Gruppe durchgeführt. Aus dem Gespräch konnte ich feststellen, dass die Jugendlichen die Pizza gerne backen und essen. Ich habe Bedürfnisse und Wünsche der Gruppe berücksichtigt und die Aktivität "Selbstgemachte Pizza" geplant. Jeder möchte die eigene Pizza für sich selbst mit gewünschten Zutaten belegen. Ich erwarte, dass die von mir erstellten Ziele erreicht werden und die Aktivität entsprechend der Planung verläuft. Das Team und die Leitung erwarten von mir und meiner Aktivität, dass ich meine Fachkompetenzen zeige und die Jugendlichen im Bereich der gesunden Ernährung weiter bilde, fördere und unterstütze. Die Eltern erwarten, dass ihre Kinder durch die Aktivität einige Kompetenzen wie Kommunikationsfähigkeit, Selbständigkeit erwerben und Selbstwirksamkeit erleben. Dadurch steigert sich das Selbstwertgefühl und verbessert sich das Sozialverhalten ihrer Kinder.

5 Zielformulierung

Um das Leben später selbständig bewältigen zu können, brauchen die Jugendlichen eine Vielfalt von Kompetenzen. Sie sollen ihre Ich - Kompetenz, Sozialkompetenz, Lernkompetenz und Sachkompetenz erwerben, um sich an das soziale Umfeld anzupassen.

5.1 Erarbeitung der Kompetenzen

Der Inhalt des sozialen Verhaltens gehört zu der Sozialkompetenz, die eine sehr große Rolle in der Entwicklung der Jugendlichen spielt. Zu der Ich-Kompetenz gehören solche Inhalte wie Selbständigkeit, Grob- und Feinmotorik, Wahrnehmung, Ausdrucksvermögen und Selbstwirksamkeit.

Bei den Jugendlichen müssen außer dem sozialen Verhalten noch die Selbständigkeit, die Wahrnehmung, die Feinmotorik, das Ausdrucksvermögen und die Selbstwirksamkeit gefördert werden. Genau in diesen Bereichen haben die Jugendlichen große Probleme. Um die Interessen von Jugendlichen zu berücksichtigen und sie gleichzeitig in diesen Bereichen zu fördern, sollten geeigneten Aktivitäten (Angebote) geplant und durchgeführt werden.

5.2 Konkretisierung der Lernziele

1) Leitziel: Ich-Kompetenz

Richtziel: Bildung und Förderung der Feinmotorik, Wahrnehmung, Selbständigkeit, Selbstwirksamkeit und Ausdrucksvermögen.

Grobziel: Schulung der Feinmotorik, Auge-Handkoordination, optischer Wahrnehmung und Anregung und Unterstützung der Selbständigkeit, Steigerung des Selbstwertgefühls und Förderung des Ausdrucksvermögen der Jugendlichen.

Feinziel:

- die Jugendlichen schneiden Zutaten für Pizzen selbständig
- die Jugendlichen schauen die Bilder mit Pizzen an und bringen eigene Ideen ein.
- die Jugendlichen entscheiden selbst, womit sie Ihre Pizzen belegen

2) Leitziel: Sozialkompetenz

Richtziel: Förderung der Jugendlichen im sozialen Bereich

Grobziel: Entwicklung der Fähigkeit sich an die Regeln zu halten und Anregung und Unterstützung der Wertschätzung, Empathie und Akzeptanz des Anderen

Feinziel:

- die Jugendlichen halten sich an die Regeln
- die Jugendlichen helfen sich gegenseitig
- die Jugendlichen akzeptieren Meinungen des Anderen

6 Vorbereitung vor- und am Prüfungstag

Um den Lesern den Einblick der Handlungen der Beteiligten am Vor- und Prüfungstag zu verschaffen, beschreibe ich die Eingliederung der Aktivität „Selbstgemachte Pizza" ins Projekt „Gesundes Leben" und das Geschehen am Vorprüfungstag, außerdem gestalte ich eine Tabelle mit dem zeitlichen Verlauf des Geschehens am Prüfungstag.

6.1 Eingliederung in das aktuelle Geschehen

Die Aktivität „Selbstgemachte Pizza" ist ein Teil des Teilprojektes „Gesunde Ernährung". Durch die Beobachtungen, die ich und meine Kollegen jeden Tag führen, haben wir festgestellt, dass manche Jugendliche große Probleme im Bereich der Körperhygiene und gesunden Ernährung haben. Wie von mir schon früher erwähnt wurde, gehören die persönliche Hygiene und gesunde Ernährung zu dem Bereich der Gesundheit. Auf der Grundlage von diesen Beobachtungen habe ich mich entschieden ein Projekt "Gesundes Leben" mit Jugendlichen durchzuführen. Das Projekt sollte zwei Monate dauern. Es besteht aus drei Teilprojekten, die auch in kleine Aktivitäten geteilt werden. Das große Thema "Gesundes Leben" beinhaltet die gesunde Ernährung, Körperpflege und Umweltschutz. Zum Thema "Gesunde Ernährung" gehören solche Aktivitäten wie Kochen und Backen, die regelmäßig von mir durchgeführt werden; ein Gespräch über Gesunde Ernährung am Beispiel der Ernährungspyramide; ein eigenes Kochbuch, das am Ende des Projektes erstellt werden sollte.

In dem Teilprojekt "Ich und mein Körper" werden Gespräche über persönliche Hygiene mit dem Thema "Wie pflege ich meinen Körper"(Duschen, Zähneputzen, Händewaschen), über die Bekleidung mit dem Thema "Was ziehe ich heute an" und über das Aussehen mit dem Thema "Wie sehe ich aus"(z. B. Schminken für Mädchen, Rasieren für Jungs) durchgeführt. Zu dem Teilprojekt "Umweltschutz" gehören Gespräche über Mülltrennung und die Gestaltung der Figuren aus Plastikflaschen.

6. 2 Vor- und am Prüfungstag

Vor dem Prüfungstag besprechen wir mit der Praxisanleiterin die Vorbereitung der Aktivität. Es werden alle Hilfsmitteln (Bilder mit verschiedenen Pizzen, Buch mit dem Rezept des Hefeteiges), Werkzeuge vorbereitet und benötigten Lebensmittel mit Jugendlichen eingekauft und aus dem Wirtschaftsraum gebracht.

Mein Prüfungstag beginnt im Spätdienst um 14 Uhr. Der Hefeteig für Pizzen sollte bis 15 Uhr vorbereitet werden, deswegen bereite ich den Teig vor und stelle ihn ins Warme zum Aufgehen. Die Jugendlichen kommen ins Wohnheim nach 15 Uhr.

Uhrzeit	Ablauf der Prüfung	Tagesablauf der Gruppe
15:45-16:00	Kurzvorstellung der Einrichtung	Zwischenmahlzeit
16:00-17:00	geplante Aktivität	Teilnahme an der Aktivität
17:00-17:30	Ungeplante Aktivität	Teilnahme an der Aktivität
17:30-17:45	Vorbereitung auf das Reflexionsgespräch	Toilettengang und Vorbereitung zum Abendbrot
17:45-18:00	Reflexionsgespräch	Tischdecken zum Abendbrot
18:00-18:30	Fachgespräch	Abendbrot
18:30-19:00	Bewertung der Ergebnisse und Gespräch zur Bewertung	Freizeit

7 Didaktisch-methodische Planung

Um die Jugendlichen in ihrer Entwicklung weiter zu unterstützen und zu fördern, sollten von mir die geeigneten didaktischen Prinzipien und Methoden verwendet werden.

7.1 Der Einstieg

Im Einstieg bitte ich die Jugendlichen darum, sich an den Tisch zu setzen, damit jeder die anderen und alle Hilfsmaterialien sieht. Das Bild mit der Ernährungspyramide und Bilder mit Pizzen liegen auf dem Tisch und wecken die Neugierde der Jugendlichen. Ich begrüße die Jugendlichen und Gäste, stelle die Gäste vor und erläutere das Thema unserer Aktivität. Ich stelle die Ernährungspyramide vor und erkläre den Jugendlichen die Reihenfolge der Wichtigkeit vom verschiedenen Lebensmittel, damit sie eine Vorstellung über die Menge des Lebensmittels, die von ihnen am Tag verzehrt werden sollte, haben. Ich zeige Bilder mit Pizzen und wecke Neugierde und Interesse, somit motiviere ich die Jugendlichen. Es ermöglicht auch den Jugendlichen eigene Ideen einzubringen und zu verwirklichen.

7.2 Der Übergang

Im Übergang erkläre ich den Jugendlichen die Notwendigkeit der Hygienemaßnahmen und sie waschen alle ihre Hände. Ich diene als Vorbild und wasche meine Hände auch. Die Regeln spielen eine sehr große Rolle bei der Durchführung jeder Aktivität.

Damit keine Gefahr für die Gesundheit der Jugendlichen besteht und ihr Verhalten nicht aus der Kontrolle gerät, erstellen wir gemeinsam die Regeln. Danach erkläre ich den weiteren Aktivitätsablauf. Mit dem Erstellen von Regeln fördere ich die Sozialkompetenz der Jugendlichen.

7.3 Der Hauptteil

Im Hauptteil erkläre ich zuerst alle Arbeitsschritte. Ich lasse die Jugendlichen die Aufgaben teilen und die Zutaten für Pizzen selbständig schneiden. Damit werden Sozial- und Ich-Kompetenz der Jugendlichen gestärkt. Weil wir nicht für jeden Jugendlichen eine Holzrolle haben, rolle ich die Teigböden für Pizzen aus. Jeder Jugendliche kann die eigene Pizza nach seiner Vorstellung formen und belegen. Damit wird die Fantasie angeregt und Ich - Kompetenz gestärkt. Das Wissen, das die Jugendlichen im Gespräch über gesunde Ernährung (am Beispiel von Ernährungspyramide) bekommen haben, können sie bei dem Belegen der Pizzen einsetzen. Das heißt, dass die Menge von verschiedenen Zutaten berücksichtigt und auf eine große Menge (z. B. von Wurst) verzichtet wird. So können die Jugendlichen ihr Wissen über gesunde Ernährung festigen und in der Zukunft eine Pizza selbständig backen. Durch die Selbständigkeit wird Ich-Kompetenz gestärkt. Während der

Aktivität unterstützen die Jugendlichen sich gegenseitig und helfen einander. Damit werden die Jugendlichen im sozialen Bereich gefördert und ihre Sozialkompetenz wird gestärkt.

7.4 Der Abschluss

In der Abschlussphase präsentieren die Jugendlichen ihre Kunstwerke. Jeder kann über seine Pizza bzw. warum sie so gestaltet wurde erzählen. Damit wird das Ausdrucksvermögen gefördert, Selbstwertgefühl gesteigert und Ich- Kompetenz der Jugendlichen gestärkt. Nach der Präsentation findet die Reflexion der gemeinsamen Arbeit statt. Ich lasse die Jugendlichen auswählen, wie sie die eigene Arbeit bewerten möchten. Ich stelle die Symbolkarten zur Verfügung und führe das Frage- Antwort- Gespräch mit den Jugendlichen. So können sie ihre Gefühle zum Ausdruck bringen bzw. zeigen (Symbolkarten) oder über sie erzählen. Damit wird die Ich-Kompetenz gefördert. Danach räumen wir gemeinsam unsere Arbeitsplätze auf. Dabei wird die Mülltrennung berücksichtigt. Das gemeinsame Aufräumen stärkt die Jugendlichen im sozialen Bereich und fördert ihre Sozialkompetenz.

7.5 Begründung der didaktisch-methodischen Prinzipien

Didaktisch-methodische Prinzipien sind die Grundsätze für generelle Richtlinien, um Bildungsangebote optimal planen zu können, und Kriterien, um das didaktische Handeln zu begründen und zu reflektieren.

Bei meiner Aktivität verwende ich solche didaktisch-methodischen Prinzipien wie Freiwilligkeit, Veranschaulichung und Lebensnähe.

Das Prinzip der Freiwilligkeit ermöglicht das freiwillige Lernen. Der Erzieher kann Lernprozesse anregen, lernen kann jedoch nur jeder für sich selbst. Bei meiner Aktivität bestimmen die Jugendlichen selbst, ob sie an diesem Angebot teilnehmen.

Das Prinzip der Veranschaulichung bedeutet Veranschaulichung in verschiedenen Konkretisierungsstufen: z. B. Verwendung von Bildern, Fotografien, Symbolen, Modellen bis hin zur Präsentation realer Gegenstände. Bei meiner Aktivität verwende ich die Bilder mit Pizzen, mit ihrer Hilfe können die Jugendlichen ihre Pizzen belegen und dann präsentieren.

Das Prinzip der Lebensnähe ermöglicht Jugendlichen, das Erlernte im Alltag anzuwenden, einzuordnen und mit den alltäglichen Erfahrungen zu vernetzen. Lerninhalte und Lernziele haben einen Bezug zu den Jugendlichen. Das Angebot findet in realen Alltagssituationen (Vorbereitung der Mahlzeit) an realen Orten (im Gruppenraum) statt.

7.6 Begründung der gewählten Materialien und Medien

Alle notwendigen Materialien bzw. Lebensmittel werden von mir bereitgestellt. Vorab haben wir mit den Jugendlichen besprochen, welche Sorten von Gemüse und Wurst benötigt werden. So konnten die Jugendlichen selbst entscheiden, womit sie ihre Pizzen belegen. Ich habe Bilder mit verschiedenen Pizzen ausgedruckt, damit die Jugendlichen eine Vorstellung bekommen, wie man verschiedene Pizzen gestalten kann. Das Bild mit der Ernährungspyramide zeigt, wie man sich gesund ernähren kann. Die Schneidebretter, Holzrolle, Messer, Backbleche und Backofen dienen für Vorbereitung der Pizzen bzw. der Mahlzeit.

8 Tabellarische Verlaufsplanung

Phase/Zeit	Methodisches Vorgehen	Inhaltlicher Verlauf	Methoden	Kompetenzen/Ziele	Material/ Medien
Einstieg/ca. 10 min - Hinführung - Motivation	- Begrüßung der Jugendlichen und der Gäste - Vorstellung der Gäste - Erläuterung des Themas - Vorstellen der Ernährungspyramide - Wecken von Neugierde durch die Bilder	Die Jugendlichen: - begrüßen die Gäste -schauen die Ernährungspyramide an - schauen die Bilder mit Pizzen an - finden eigene Ideen	- Sitzkreis am Tisch -gemeinsames Anschauen der Ernährungspyramide und Bilder mit Pizzen - Kindgerechtes Frage-Antwort –Gespräch - Motivation durch Bilder	Ich-Kompetenz: - sinnliches Wahrnehmen und Empfinden -selbständige Entscheidung Sozialkompetenz: - Akzeptieren der Meinung des Anderen	- Bild mit Ernährungspyramide - Bilder mit Pizzen
Übergang/ca. 5 min - Belehrung - Regeln	- Anregen zu Hygienemaßnahmen - Erstellen von Regeln	Die Jugendlichen: - hören die Belehrung zu Hygienemaßnahmen - akzeptieren die Regeln	- Aufklären der Notwendigkeit der Regeln und Hygienemaßnamen	Sozialkompetenz: - Beachtung der Regeln	- Seife - Handtuch
Hauptteil/ca. 35 min - Durchführung	- Erklären der Arbeitsschritte - Ausrollen der Teigböden für die Pizzen - Hilfestellung bei der Vorbereitung von Zutaten für die Pizzen - Hilfestellung bei	Die Jugendlichen: -teilen die Aufgaben an - heizen den Backofen an - bereiten die Zutaten für die Pizzen vor (waschen, putzen, schneiden) - gestalten ihre Pizzen - stellen die Backbleche	- Unterschiedliche Zutaten anbieten - Umgang mit Werkzeug zeigen - das Erklären der Arbeitsschritte - Interessen und Bedürfnisse der Jugendlichen aufgreifen	Ich-Kompetenz: - Verbesserung der Feinmotorik und Auge-Handkoordination durch das Schneiden der Zutaten - Erwerb der Selbständigkeit durch	- Messer -Schneide-bretter - Backbleche - Backofen - Holzrolle

16

der Gestaltung der Pizzen	mit Pizzen in den Backofen	- Experimentiermöglich-keiten schaffen - Freies Gestalten	Verantwortungsübernahme eigener Handlungen und Auswählen der Zutaten für eigene Pizzen
			Sozialkompetenz: - Bereitschaft die Meinung des Anderen zu akzeptieren - Bereitschaft sich gegenseitig zu helfen und Hilfe anzunehmen - Bereitschaft die Regeln anzunehmen bzw. zu akzeptieren - Erleben der Selbstwirksamkeit→ Steigerung des Selbstwertgefühls - Förderung des Durchhaltevermögens - Mut zum Experimentieren - Phantasie anregen - Ausprobieren und Entwickeln von Kräften, Fähigkeiten, Stärken

Schluss/ca. 10 min - Präsentation - Reflexion - Aufräumen	- Setzen des Impulses zur Reflexion der eigenen Arbeit und zum Aufräumen	Die Jugendlichen: - präsentieren ihre Kunstwerke - werten ihre gemeinsame Arbeit aus - räumen ihre Arbeitsplätze auf	- Entwicklungsgerechtes Frage-Antwort-Gespräch - Einsetzen der Symbolkarten (Bewertungskarten) - Zum Zeigen und zur Wahrnehmung von Gefühlen ermutigen - gemeinsames Aufräumen - Mülltrennung	**Ich-Kompetenz:** - Förderung des Ausdrucksvermögens durch Präsentation und Reflexion der eigenen Arbeit - Erkennen von Schwächen/Grenzen - Umgang mit Frustration erlernen - Freude an der gelungenen Arbeit und Steigerung des Selbstwertgefühls **Sozialkompetenz:** - Wertschätzung der Arbeit des Anderen - Akzeptanz der Meinung des Anderen - Regelverhalten in der Gruppe einüben	- Symbolkarten zur Bewertung - Lappen zum Tischabwischen

9 Reflexion der Aktivität

Bei der Selbstreflexion besteht für mich die Möglichkeit, meine eigene pädagogische Handlungen zu erweitern und Fehlerquellen zu analysieren und beim nächsten Mal zu umgehen. Als Erstes stelle ich mir die Fragen, um die Vorbereitung der Aktivität zu reflektieren:

- Warum habe ich dieses Thema ausgewählt?
- War das Thema angemessen?
- Konnte ich Interesse der Jugendlichen wecken?
- Bin ich auf Bedürfnisse der Jugendlichen eingegangen?
- Habe ich vorherige Erfahrungen der Jugendlichen berücksichtigt?
- Habe ich die körperliche Einschränkungen und Entwicklungsstand der Jugendlichen berücksichtigt?

Nach der Reflexion der Vorbereitung beginne ich die Ziele, die ich erstellt habe, zu reflektieren. Mit den Fragen bewerte ich das Erreichen der von mir erstellten Ziele:

- War meine Zielstellung richtig und sinnvoll?
- Habe ich meine pädagogische Absichten bzw. meine Ziele erreicht?
- Wenn nicht, welche Gründe gab es für das Nichterreichen von Zielen?

Danach reflektiere ich die didaktisch-methodische Durchführung der Aktivität. Dafür stelle ich mir die Fragen:

- Habe ich die Medien, Materialien sinnvoll ausgewählt?
- Habe ich zeitliche und räumliche Bedingungen bedacht?
- War die Dauer der Aktivität richtig geplant?

Zum Schluss reflektiere ich die von mir durchgeführte Aktivität.

- Verlief die Durchführung entsprechend meiner Planung?
- Konnte ich mit meiner Aktivität Interesse der Jugendlichen halten?
- Habe ich allen Jugendlichen Hilfe leisten können, wenn jemand sie brauchte? Wenn nicht, warum?
- Gab es ungewöhnliche Situationen und wie habe ich darauf reagiert?
- War meine sprachliche Ausdrucksweise den Jugendlichen entsprechend angemessen und verständlich?
- Wie war während der Aktivität das Verhalten der Jugendlichen untereinander?
- Habe ich die Aktivität zur rechten Zeit und sinnvoll beendet?

10 Evaluation der Aktivität

„Evaluation" ist „die Sammlung, Analyse und Interpretation von Informationen über den Bedarf, die Umsetzung und Wirkung von Maßnahmen, welche die Lebensbedingungen und das soziale Umfeld der Menschen verbessern sollen" (König, J.:Einführung in die Selbstevaluation. Ein Leitfaden zur Bewertung der Praxis sozialer Arbeit. Lambertus – Verlag: Freiburg im Breisgau 2000, S. 34).

Zu unterscheiden ist zunächst zwischen einer Selbstevaluation - in Eigenregie der Erzieherinnen - und einer Fremdevaluation, durch unabhängige Fachleute von außen. Prozessevaluation bedeutet, immer wieder Haltepunkte einzulegen, um festzustellen, was bisher erreicht wurde. Gegebenenfalls müssen Änderungen vorgenommen werden (Sozialpädagogische Lernfelder für Erzieherinnen, Jaszus, Büchen-Wilhelm, Mäder-Berg, Gutmann, Holland+Josenhans Verlag, 1. Auflage 2008, S. 384)

Die Evaluation, ob ich meine Ziele erreicht habe, wird für mich auch von großer Bedeutung sein. Ich stelle mir solche Fragen wie z. B.:

- In welchem Bereich soll ich die Jugendlichen weiter fördern?
- In welchem Bereich habe ich meine Ziele erreicht?
- Waren meine pädagogischen Handlungen kompetent?
- Waren die didaktisch-methodischen Prinzipien sinnvoll?
- Gibt es irgendwelche Verbesserungsvorschläge?

Nach der Evaluation bzw. Bewertung kann ich meine nächsten Aktivitäten besser planen und durchführen.

Quellenverzeichnis

Konzeption der Einrichtung, 2013

Sozialpädagogische Lernfelder für Erzieherinnen, Jaszus, Büchen- Wilhelm, Mäder- Berg, Gutmann, Holland + Josenhans Verlag, 1. Auflage 2008, S.384

König, J.: Einführung in die Selbstevaluation. Ein Leitfaden zur Bewertung der Praxis sozialer Arbeit. Lambertus- Verlag: Freiburg im Breisgau 2000, S.34

www.rossfeld.ch/fileadmin/pdf/pdf_stiftung/brosch_rossfeld10_web.pdf, Jahresbericht 2012, S.9

BEI GRIN MACHT SICH IHR WISSEN BEZAHLT

- Wir veröffentlichen Ihre Hausarbeit, Bachelor- und Masterarbeit

- Ihr eigenes eBook und Buch - weltweit in allen wichtigen Shops

- Verdienen Sie an jedem Verkauf

Jetzt bei www.GRIN.com hochladen und kostenlos publizieren